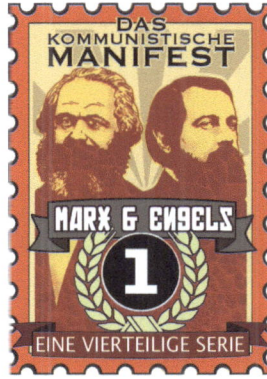

DAS KOMMUNISTISCHE MANIFEST
ILLUSTRIERT
KAPITEL EINS: HISTORISCHER MATERIALISMUS

KARL MARX | FRIEDRICH ENGELS

Herausgegeben, eingeführt
und vorgestellt von: *GEORGE S. RIGAKOS*

Mit Bildern von: *RED VIKTOR*

RED QUILL BOOKS

www.redquillbooks.com

ISBN 978-0-9812807-4-5

Printed on acid-free paper. The paper used in this book incorporates post-consumer waste and has not been sourced from endangered old growth forests, forests of exceptional conservation value or the Amazon Basin. Red Quill Books subscribes to a one-book-at-a-time manufacturing process that substantially lessens supply chain waste, reduces greenhouse emissions, and conserves valuable natural resources.

Besonderer Dank an: **Enroc Illustrations**, Buenos Aires
                        Volker Eick, Freie Universität Berlin

Library and Archives Canada Cataloguing in Publication

Marx, Karl, 1818-1883
Das kommunistische manifest (illustriert). Kapitel Eins: historischer Materialismus / von Karl Marx und Friedrich Engels; herausgegeben, eingeführt und vorgestellt von George S. Rigakos; mit Bildern von Red Viktor.

ISBN 978-0-9812807-4-5

1. Communism. I. Engels, Friedrich, 1820-1895 II. Rigakos, George S. (George Strates), 1969- III. Viktor, Red IV. Title.

HX39.5.A22 2010 335.4'22 C2010-904826-1

RQB versteht sich als linker Verlag.

Ein Teil der Erlöse dieses Buches wird angehenden Studierenden ein Stipendium ermöglichen.

EDITOR'S EINLEITUNG

DER KOMMUNISMUS IST TOT. SEINE LEICHE HAT MAN GEFLEDDERT, DIE TEILE ALS SOUVENIRS VERRAMSCHT.

DIE PURISTEN SAGEN NOCH HEUTE MIT FAST SCHON GLEICHGÜLTIGEM ACHSELZUCKEN: „ABER FÜR UNS GIBT ES KEINEN GRUND ZUR KLAGE. DER WAHRE KOMMUNISMUS IST JA NIE VERWIRKLICHT WORDEN." „NEIN, ES GAB DEN KOMMUNISMUS, NUR WAR SEIN LEBEN KURZ", ANTWORTEN DIE ERMÜDETEN TROTZKISTEN UND FAHREN FORT: „ER STARB VOR LANGER ZEIT. WENN NUR DIE REVOLUTION NICHT VERRATEN WORDEN WÄRE!" „UNSINN!" HEULT DIE BOURGEOISIE AUF, „KOMMUNISMUS WAR ELEND, KRIEG, TOTALITARISMUS. GUT, DASS WIR IHN LOS SIND!" SIE BEJUBELN DEN TOD DES KOMMUNISMUS. WIR SCHLIESSEN UNS IHNEN AN. SIE TANZEN AUF DEM GRAB DES KOMMUNISMUS. WIR MACHEN MIT.

WIR ALLE BEGANNEN, DEN KOMMUNISMUS ZU HASSEN ODER, SCHLIMMER NOCH, IHN ZU BEDAUERN. WAS IMMER ER WAR, WAS IMMER ER WURDE, WAS IMMER ER HÄTTE SEIN SOLLEN. WELCHE ENTTÄUSCHUNG. WELCHES BEDAUERN. DER KOMMUNISMUS VERSPRACH SO VIEL UND GAB UNS TYRANNEN UND MÖRDER. WIE GESAGT, GUT, DASS WIR DEN LOS SIND.

SIE ERKLÄREN DIESEN TAG ZUM ENDE DER GESCHICHTE ALS SOLCHER: „HIER GIBT'S NICHTS MEHR ZU SEHEN. BITTE, IHR KÖNNT EUCH ZERSTREUEN. ZURÜCK AN DIE ARBEIT." HERAUSFORDERER GIBT ES NICHT MEHR. DIE MAUERN BEGINNEN ZU FALLEN, VERTRÄGE WERDEN GEZEICHNET, UND DER GLOBALE KAPITALISMUS ERBLÜHT.

JAHRZEHNTE SPÄTER. IMMER NOCH RASTLOS. FLÜCHTIG SEHEN WIR EINEN UNS BEKANNTEN GEIST.

EIN GESPENST PLAGT SICH STUMM AUF AUSGEDÖRRTEN FELDERN. ES SCHLURFT ÜBER STAUBIGE MARKTPLÄTZE. ES PLAGT SICH DURCH SCHMUTZ UND SCHINDEREI DER FABRIKFLURE. ES STOCHERT DURCH DEN ABFALL IN DEN SCHLUCHTEN DER SLUMS. ES GLEITET ENTLANG DER BÜROTÜRME MIT IHREN GROSSRAUMBÜROS, STOCKWERK FÜR STOCKWERK. WO IMMER SICH DER KAPITALISMUS ZUR SCHAU STELLT, UNSER GESPENST FOLGT LEISE NACH. INMITTEN DER ENTFREMDETEN, VERARMTEN, AUSGEBEUTETEN LÄSST ES SICH NIEDER. ES LEGT ZEUGNIS AB VON DEN MILLIONEN STUMMER SCHREIE. IMMER DEUTLICHER ERKENNEN WIR DEN GEIST...

WAS MARX UND ENGELS MIT IHREM KOMMUNISTISCHEN MANIFEST ERSCHAFFEN HABEN, IST NICHTS WENIGER ALS EIN POLITISCHER GLAUBE, GEHÜLLT IN DIE LOGIK WISSENSCHAFTLICHER ZWANGSLÄUFIGKEIT. DIES IST KEINE KRITIK. SO VIEL VON DEM, WAS HEUTE ALS POLITISCHE UND SOZIALE THEORIE DURCHGEHT, IST UNREDLICH, WENN ES UM DIE EIGENEN ZIELE GEHT. DAS MANIFEST WAR DAS NIE. „DIE KOMMUNISTEN VERSCHMÄHEN ES, IHRE ANSICHTEN UND ABSICHTEN ZU VERHEIMLICHEN. SIE ERKLÄREN ES OFFEN, DASS IHRE ZWECKE NUR ERREICHT WERDEN KÖNNEN DURCH DEN GEWALTSAMEN UMSTURZ ALLER BISHERIGEN GESELLSCHAFTSORDNUNG. MÖGEN DIE HERRSCHENDEN KLASSEN VOR EINER KOMMUNISTISCHEN REVOLUTION ZITTERN."

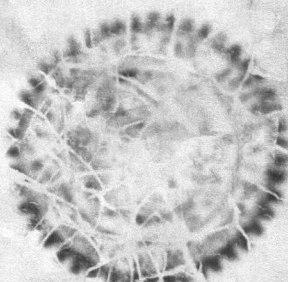

Was für ein romantischer Text. Selbst seine Kritiker räumen ein, dass das Manifest zu den wichtigsten Texten gezählt werden muss, die je geschrieben wurden. Es rüttelte dazu auf, eine neue Welt zu erschaffen, rekrutierte Millionen ideologischer Fußtruppen und hat auf immer die Menschheitsgeschichte verändert. Heute wirken die Zehn Gebote des Manifests, vielleicht abgesehen von der Forderung, das Privateigentum abzuschaffen, kaum noch radikal. Allgemeinbildung, gestaffelte Einkommensteuer, Abschaffung der Kinderarbeit, Verstaatlichung von Schlüsselsektoren der Wirtschaft wie Verkehr, Kommunikation und Finanzwirtschaft sowie die Verbesserung der landwirtschaftlichen Produktion. Sind das immer noch Ideale von Radikalen und Revolutionären?

Wenn Marx Recht hatte, dann Hegel um so mehr. Vielleicht konnte der Kommunismus den Kapitalismus nicht ablösen. Vielleicht konnte er nur einen Widerspruch formulieren. Wurde der Kommunismus besiegt oder nur aufgehoben? Wenn aber der Kommunismus in erster Linie ein Traum, eine Zukunft, „ein Gespenst" ist, dann kann der Kommunismus wohl nie wirklich sterben. Er wartet vermutlich nur auf seine Auferstehung. Vielleicht begann und endete so die Geschichte des Kommunismus und wird folglich wieder so beginnen und enden. Der Kommunismus ist tot! Lang lebe der Kommunismus!

Diese bebilderte Fassung des Manifests gibt den Ursprungtext von Karl Marx und Friedrich Engels in der Form wieder, wie er seinerzeit erstmals erschien. Sätze wurden nicht verändert. Die ursprüngliche Aussage blieb erhalten. Aber der Text wurde gekürzt und die Struktur der Abschnitte verändert. So wurden die ursprünglichen vier Kapitel des Manifests neu geordnet und die Überschriften umbenannt. Der von Marx und Engels im 19. Jahrhundert geführte Angriff gegen andere, sozialistische und kommunistische Literatur", ein zwar interessantes, aber veraltetes Relikt, wurde ganz weggelassen. Ein weiteres Kapitel wurde mit „Historischer Materialismus" betitelt, ein Begriff, der zwar erst in späteren Schriften von Engels auftaucht, so aber sein Konzept besser verständlich macht.

Aber warum eine bebilderte Ausgabe? Einfach gesagt, um den Text neu zu beleben. Weiter, um ihn so einem neuen Publikum verfügbar zu machen. Schließlich, um uns dabei zu helfen, eine uns allen angeborene Sehnsucht nach dem Versprechen einer besseren Zukunft besser zu verstehen. Letztlich, um uns erneut mit einer politischen Flugschrift vertraut zu machen, die das ideologische Fundament schmiedete für eine der idealistischsten und doch zugleich repressivsten Epochen in der Menschheitsgeschichte.

George S. Rigakos
Ottawa, Mai 2010

HIGHGATE CEMETERY,
LONDON ... HEUTZUTAGE

KAPITEL EINS:
HISTORISCHER MATERIALISMUS

DIE GESCHICHTE ALLER BISHERIGEN GE-
SELLSCHAFT IST DIE GESCHICHTE VON
KLASSENKÄMPFEN.

FREIER UND SKLAVE, PATRIZIER UND PLEBEJER, BARON UND LEIBEIGENER, ZUNFTBÜRGER UND GESELL, KURZ,
UNTERDRÜCKER UND UNTERDRÜCKTE STANDEN IN STETEM GEGENSATZ ZUEINANDER, FÜHRTEN EINEN UNUN-
TERBROCHENEN, BALD VERSTECKTEN, BALD OFFENEN KAMPF, EINEN KAMPF, DER JEDESMAL MIT EINER REVO-
LUTIONÄREN UMGESTALTUNG DER GANZEN GESELLSCHAFT ENDETE ODER MIT DEM GEMEINSAMEN UNTER-
GANG DER KÄMPFENDEN KLASSEN.

EIN GESPENST GEHT UM IN EUROPA...

...DAS GESPENST DES KOMMUNISMUS. ALLE MÄCHTE DES ALTEN EUROPA HABEN SICH ZU EINER HEILIGEN HETZJAGD GEGEN DIES GESPENST VERBÜNDET, DER PAPST UND DER ZAR, METTERNICH UND GUIZOT, FRANZÖSISCHE RADIKALE UND DEUTSCHE PO-LIZISTEN...

DIE GROßE INDUSTRIE HAT DEN WELTMARKT HERGESTELLT, DEN DIE ENTDECK-
UNG AMERIKAS VORBEREITETE. DER WELTMARKT HAT DEM HANDEL, DER
SCHIFFAHRT, DEN LANDKOMMUNIKATIONEN EINE UNERMEßLICHE ENTWICK-
LUNG GEGEBEN. DIESE HAT WIEDER AUF DIE AUSDEHNUNG DER INDUSTRIE
ZURÜCKGEWIRKT, UND IN DEMSELBEN MAßE, WORIN INDUSTRIE, HANDEL,
SCHIFFAHRT, EISENBAHNEN SICH AUSDEHNTEN, IN DEMSELBEN MAßE ENT-
WICKELTE SICH DIE BOURGEOISIE, VERMEHRTE SIE IHRE KAPITALIEN, DRÄNGTE
SIE ALLE VOM MITTELALTER HER ÜBERLIEFERTEN KLASSEN IN DEN
HINTERGRUND.

DIE FORTWÄHRENDE UMWÄLZUNG
DER PRODUKTION, DIE UNUNTER-
BROCHENE ERSCHÜTTERUNG ALLER
GESELLSCHAFTLICHEN ZUSTÄNDE,
DIE EWIGE UNSICHERHEIT UND
BEWEGUNG ZEICHNET DIE
BOURGEOISIEEPOCHE VOR ALLEN
ANDEREN AUS.

SIE HAT GANZ ANDERE WUNDERWERKE
VOLLBRACHT ALS ÄGYPTISCHE PYRAMIDEN,
RÖMISCHE WASSERLEITUNGEN UND GOTISCHE
KATHEDRALEN...

...SIE HAT GANZ ANDERE ZÜGE AUSGEFÜHRT ALS VÖLKER-
WANDERUNGEN UND KREUZZÜGE.

AN DIE STELLE DER ALTEN LOKALEN UND NATIONALEN SELBSTGENÜGSAMKEIT UND ABGESCHLOSSENHEIT TRITT EIN ALLSEITIGER VERKEHR,

EINE ALLSEITIGE ABHÄNGIGKEIT DER NATIONEN VONEINANDER.

SIE HAT DIE BUNTSCHECKIGEN FEUDALBANDE, DIE DEN MENSCHEN AN SEINEN NATÜRLICHEN VORGESETZTEN KNÜPFTEN, UNBARMHERZIG ZERRISSEN UND KEIN ANDERES BAND ZWISCHEN MENSCH UND MENSCH ÜBRIGGELASSEN ALS DAS NACKTE INTERESSE, ALS DIE GEFÜHLLOSE „BARE ZAHLUNG". SIE HAT DIE PERSÖNLICHE WÜRDE IN DEN TAUSCHWERT AUFGELÖST UND AN DIE STELLE DER ZAHLLOSEN VERBRIEFTEN UND WOHLERWORBENEN FREIHEITEN DIE EINE GEWISSENLOSE HANDELSFREIHEIT GESETZT.

SIE HAT, MIT EINEM WORT, AN DIE STELLE DER MIT RELIGIÖSEN UND POLITISCHEN ILLUSIONEN VERHÜLLTEN AUSBEUTUNG DIE OFFENE, UNVERSCHÄMTE, DIREKTE, DÜRRE AUSBEUTUNG GESETZT.

WIE SIE DAS LAND VON DER STADT, HAT SIE DIE BAR-
BARISCHEN UND HALBBARBARISCHEN LÄNDER VON DEN
ZIVILISIERTEN,

DIE BAUERNVÖLKER VON DEN BOURGEOISVÖLK-
ERN, DEN ORIENT VOM OKZIDENT ABHÄNGIG
GEMACHT.

ALLES STÄNDISCHE UND STEHENDE VER-
DAMPFT, ALLES HEILIGE WIRD ENTWEIHT...

...UND DIE MENSCHEN SIND ENDLICH GEZWUNGEN, IHRE LEBENSSTELLUNG, IHRE GEGENSEITIGEN BEZIEHUNGEN MIT NÜCHTERNEN AUGEN ANZUSEHEN.

UNSERE EPOCHE, DIE EPOCHE DER BOURGEOISIE,
ZEICHNET SICH JEDOCH DADURCH AUS, DAß SIE
DIE KLASSENGEGENSÄTZE VEREINFACHT HAT.

DIE GANZE GESELLSCHAFT SPALTET SICH MEHR UND MEHR IN ZWEI GROßE FEINDLICHE LAGER, IN ZWEI GROßE, EINANDER DIREKT GEGENÜBERSTEHENDE KLASSEN: BOURGEOISIE UND PROLETARIAT.

www.ingramcontent.com/pod-product-compliance
Lightning Source LLC
Chambersburg PA
CBHW060839270326
41933CB00002B/140